Superstarke
Bilderbuchgeschichten
für Jungs

arsEdition

Inhaltsverzeichnis

Ritter Ohne Furcht und das fürchterliche Ungeheuer

Eine Geschichte von Gaby Scholz
Mit Bildern von Franziska Harvey

Ritter Ohne Furcht

Das fürchterliche Ungeheuer

Hoch oben auf dem Felsenberg steht eine uralte Ritterburg.
Seit heute wohnt hier Ritter Ohne Furcht. Er hat die Burg
nämlich auf seiner Suche nach Abenteuern entdeckt.
Im Turmzimmer wirft er seine Sachen aufs Bett,
macht das Fenster auf und schaut auf den Burghof hinunter.
Als Nächstes putzt Ritter Ohne Furcht seine Rüstung.
Richtig schmutzig ist sie unterwegs geworden.
Er putzt und putzt, bis auch der kleinste Fleck weg ist.
Wie schön sie nun glänzt.
Schwungvoll schlägt der Ritter mit einem Hammer
einen Nagel in die Wand und hängt
die Rüstung daran auf. Dann sieht er sich um:
Ja, hier gefällt es ihm!

Seit ungefähr zweihundert Jahren wohnt tief unten
in der Ritterburg, im finsteren Burgverlies,
ein **fürchterliches Ungeheuer**. Gerade kuschelt es sich
in sein gemütliches Nest aus weichen Lumpen.
Stolz betrachtet das Ungeheuer sein Regal
mit der schönsten Nachttopfsammlung der Welt.
Außerdem besitzt es noch einen Fußball und eine Wippe,
falls mal Besuch kommt! Nur leider kommt höchst
selten Besuch. Ungeheuer sind nämlich nicht sehr beliebt,
und das findet es ziemlich ungerecht!
Das **fürchterliche Ungeheuer** kennt natürlich jedes Eckchen
und jedes Geräusch in der Burg. Aber dieses seltsame –
poch, poch, poch! – Hämmern von hoch oben
aus dem Turm hat es noch nie gehört.
Schlagartig ist das Ungeheuer hellwach!
Sein Herz klopft laut.

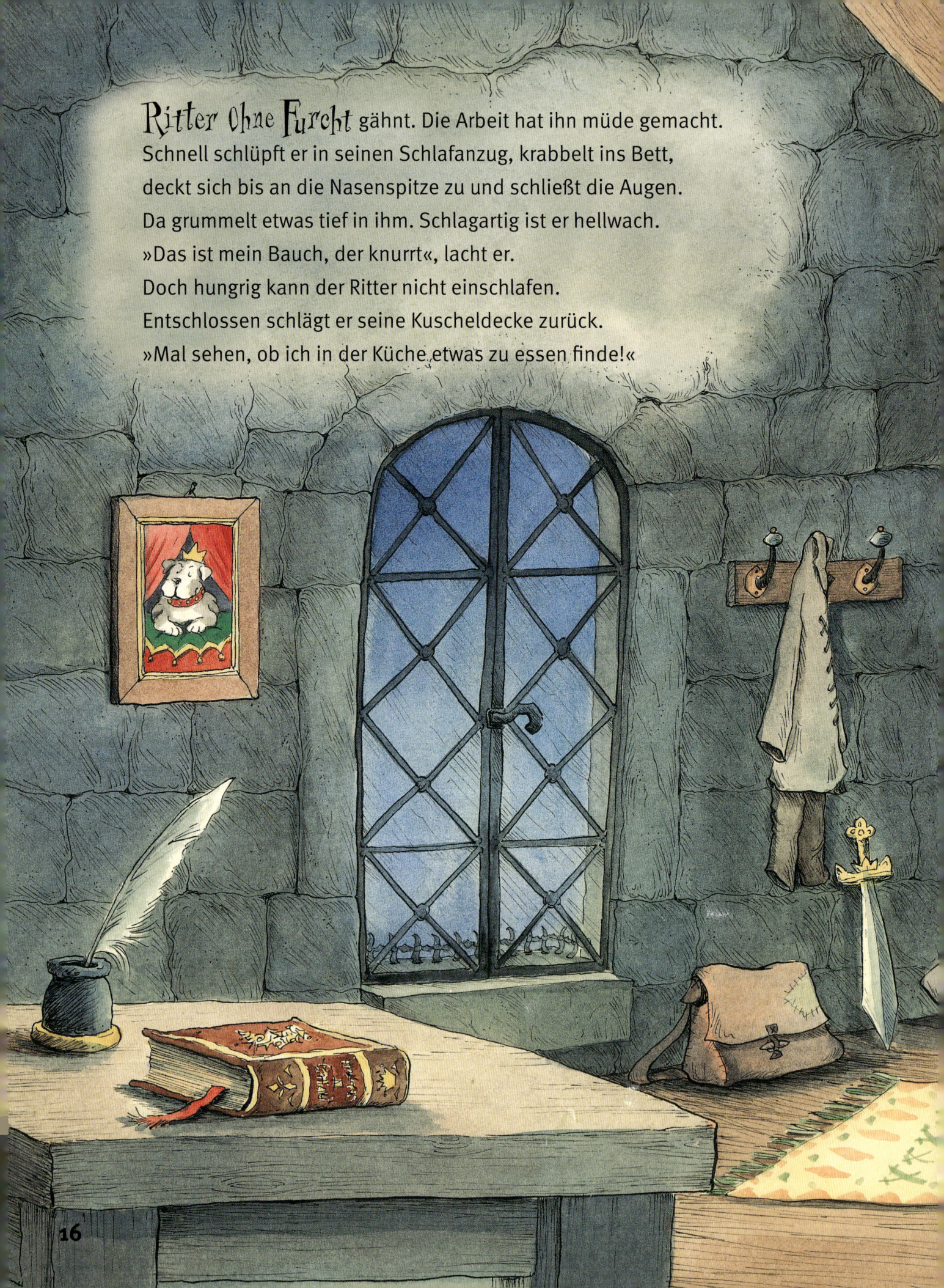

Ritter Ohne Furcht gähnt. Die Arbeit hat ihn müde gemacht.
Schnell schlüpft er in seinen Schlafanzug, krabbelt ins Bett,
deckt sich bis an die Nasenspitze zu und schließt die Augen.
Da grummelt etwas tief in ihm. Schlagartig ist er hellwach.
»Das ist mein Bauch, der knurrt«, lacht er.
Doch hungrig kann der Ritter nicht einschlafen.
Entschlossen schlägt er seine Kuscheldecke zurück.
»Mal sehen, ob ich in der Küche etwas zu essen finde!«

Das **fürchterliche Ungeheuer** lauscht noch immer
in die Dunkelheit. Die Klopfgeräusche sind längst verstummt.
Auf einmal jedoch hört es ein grummelndes Geräusch.
»Oha!«, lacht das Ungeheuer. »Wenn ich wach im Bett liege,
denkt mein Bauch immer ans Futtern!« Entschlossen schwingt
das Ungeheuer die Beine aus dem Kuschelnest,
wuchtet seinen Popo hoch, reckt sich und stapft
zur Burgverliestür.

Ritter Ohne Furcht

schwingt ebenfalls die Beine
aus dem Bett, reckt sich,
nimmt die Rüstung vom Nagel und
hüpft samt Schlafanzug hinein.
Vorsichtig öffnet er
die Turmzimmertür.
Mit großen Augen starrt
der Ritter in den dunklen Flur.
Ob er nun Angst bekommt?
Nein, schließlich ist er
ein furchtloser Ritter.
Und furchtlose Ritter haben
keine Angst vor
so einem bisschen Dunkelheit.
Etwas mulmig ist ihm –
vielleicht!
Aber sein Hunger ist groß.
Also schleicht er tapfer
die enge Wendeltreppe hinunter
Richtung Küche.
Plötzlich stößt er – krrrrrrrk! –
mit seiner Rüstung an die Wand.
Das Scheppern schallt
durch die ganze Burg.

Zur gleichen Zeit öffnet das **fürchterliche Ungeheuer**
die Burgverliestür. Ängstlich zuckt es zusammen.
War da nicht ein grässliches Scheppern?
Mit gespitzten Ohren horcht es
in den dunklen Kellergang.
Aber jetzt ist alles wieder still.
Ob es nun Angst bekommt?
Nein, schließlich ist es ein
fürchterliches Ungeheuer.

Und **fürchterliche Ungeheuer** haben keine Angst vor so
einem bisschen Scheppern. Etwas mulmig ist ihm –
vielleicht! Aber sein Hunger ist groß.
Also stapft es mutig die steile Kellertreppe
hinauf Richtung Küche!
Plötzlich tritt es – knacks! – auf
eine kaputte Holzstufe.
Das Knacken tönt durch
die ganze Burg.

23

Ritter Ohne Furcht zuckt zusammen.
War da nicht ein grässliches Knacken?
Er bleibt stehen und lauscht in die Dunkelheit.
Aber nun ist alles wieder still.

Hat der Ritter jetzt wohl Angst?
Nein, nicht vor so einem bisschen Knacken!
»Das war sicher der Wind! Oder vielleicht eine Maus?«,
tröstet er sich und geht furchtlos weiter zur Küche.

Ritter ohne Furcht marschiert durch den Speisesaal zur Küchentür und öffnet sie. **Das fürchterliche Ungeheuer** marschiert durch den Lagerraum zur zweiten Küchentür und öffnet sie. Der Ritter betritt die Küche. Das Ungeheuer betritt die Küche. Beide schauen sich um.

Da entdeckt der Ritter das Ungeheuer –
und das Ungeheuer den Ritter!
Ihre Augen werden groß und größer.
Ihre Beine zittern vor Schreck wie Wackelpudding.
»Hiiiiiih, ein garstiges Ungeheuer!«, quiekt der Ritter.
»Hiiilfe, eine sprechende Rüstung!«, krächzt das Ungeheuer.

Beide wirbeln herum und rennen zurück:

der Ritter zur Speisesaaltür, das Ungeheuer zur Lagerraumtür.

Kurz davor bleiben beide zögernd stehen.

Langsam drehen sie sich um und schauen einander an.

»He, wer bist du? Was machst du in meiner Küche?«,

fragen beide gleichzeitig.

»Ich bin Ritter Ohne Furcht«, sagt der Ritter mit fester Stimme.

»Ich bin das fürchterliche Ungeheuer«, sagt das Ungeheuer

mit ebenso fester Stimme.

Stumm starren sich Ritter und Ungeheuer an.

Plötzlich beginnt der Ritter ungläubig zu kichern:

»Sag bloß, du furchtbares Ungeheuer hattest eben Angst vor mir?«

»Gar nicht!«, behauptet das Ungeheuer.

»Aber du starker Ritter hattest Angst vor mir?!«

»So 'n Quatsch!«, behauptet der Ritter.

»Das ist gut«, freut sich da das Ungeheuer.

»Dann könnten wir – vielleicht – Freunde werden?

Menschen haben sonst immer schreckliche Angst vor mir.

Dabei bin ich sooo harmlos!«

In dem Moment knurrt der Bauch des Ungeheuers.
»Ich habe entsetzlichen Hunger! Kann ich dir etwas
zu essen anbieten?«, fragt es höflich.
Kurz darauf plündern die zwei die Vorratskammer und
schleppen kiloweise Köstlichkeiten in den Speisesaal.
Nun speisen sie an einer langen Rittertafel wie uralte Freunde.
»Hier, probier mal!«, sagt der Ritter und lässt
das Ungeheuer von seinem Leberwurstbrot abbeißen.

»Mmmmh«, schmatzt das Ungeheuer,
»das schmeckt! Hier, probier du auch mal!«
Das Ungeheuer schiebt dem Ritter
einen Riesenlöffel Kartoffelbrei in den Mund.
»Mmmmh«, schwärmt der Ritter und reibt sich den Bauch.
»Wenn ich so weiterfuttere, passe ich bald nicht mehr in die Rüstung.«
Als beide satt sind, sagt das Ungeheuer:
»Jetzt zeige ich dir unsere Burg! Nachts ist sie am schönsten!«

Als Erstes erklimmen sie den Burgturm und blicken von
den höchsten Zinnen hinab über das mondbeschienene Land.
Der Ritter deutet in die Ferne:
»Schau mal, hinter den sieben Bergen habe ich gelebt.
Aber da habe ich mich gelangweilt.
Dort war echt nichts los!«

»Nichts los?«, grinst das Ungeheuer.
»Na dann ... mir nach!«

Es schwingt sich aufs Geländer der Wendeltreppe und
rutscht hinab. Der Ritter zögert einen Augenblick,
dann saust er hinterher. Er schlittert drei Stockwerke
tiefer und plumpst vor die Zugbrücke.

Das Ungeheuer wartet dort bereits samt Fußball.
Kurz darauf kicken Ritter und Ungeheuer den Ball
durch den Innenhof.
»Tor-Tooor-Toooooor!«, echot es zwischen den alten Mauern.
Nach dem Spiel hüpfen sie völlig verschwitzt in
den Burggraben und veranstalten ein Mondschein-Wettschwimmen.
»Hach, hier lässt es sich super leben!«, lacht der Ritter.
»Dabei hast du noch gar nicht das Verlies gesehen«,
sagt das Ungeheuer geheimnisvoll.

Also scheppern und stapfen sie hinunter ins
tiefe, tiefe Burgverlies.
Endlich hat das Ungeheuer einen Freund zum Wippen.
»Jippiii«, jauchzen beide vor Freude.
Da entdeckt der Ritter die Nachttopfsammlung.
Sofort will er alle Töpfe ausprobieren.
»Aber nichts reinmachen, ja?!«, sagt das Ungeheuer.
Der Ritter lacht und schüttelt den Kopf.
»Auf dem sitzt es sich gut! Und auf dem erst!
Doch der hier, der drückt!«
Allerdings all die Nachttöpfe auszuprobieren,
das schafft selbst der stärkste Ritter nicht.
Der Ritter gähnt zum Steinerweichen.
Mit einem Mal merkt er,
wie müde er ist.

Das Ungeheuer gähnt ebenfalls.

»Magst du heute Nacht bei mir schlafen?«, fragt es den Ritter. Und schon liegen Ritter und Ungeheuer im Kuschelnest.

»Schön, einen Freund zu haben, mit dem ich so viel unternehmen kann!«, murmelt der Ritter.

»Und einen, der nicht gleich ängstlich wegrennt!«, murmelt das Ungeheuer.

Eine Minute später ertönt aus dem Kuschelnest ein neues schauriges Geräusch, diesmal gleich doppelt:

»Schnaaarrrch-Schnaaarrrch!«

Gute Nacht, ihr mutigen, furchtlosen Freunde. Und träumt schön – von neuen, spannenden Abenteuern!

Pit und der störrische Wecker

Eine Geschichte für kleine Bastler von Sylvia Englert
Mit Bildern von Thorsten Saleina

Bollo (ein Dachs, kein Bär)

Tino

Pit

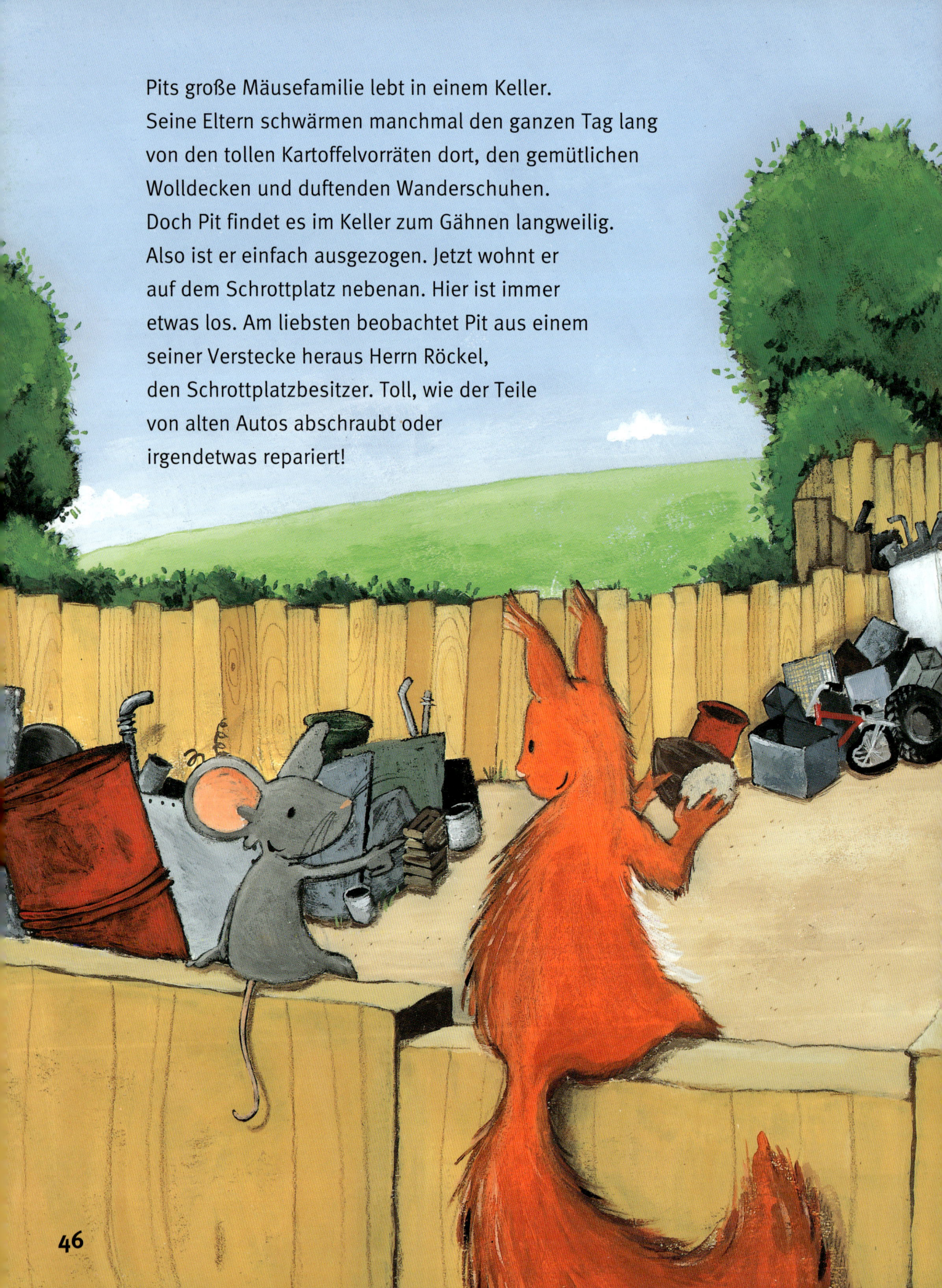

Pits große Mäusefamilie lebt in einem Keller.
Seine Eltern schwärmen manchmal den ganzen Tag lang
von den tollen Kartoffelvorräten dort, den gemütlichen
Wolldecken und duftenden Wanderschuhen.
Doch Pit findet es im Keller zum Gähnen langweilig.
Also ist er einfach ausgezogen. Jetzt wohnt er
auf dem Schrottplatz nebenan. Hier ist immer
etwas los. Am liebsten beobachtet Pit aus einem
seiner Verstecke heraus Herrn Röckel,
den Schrottplatzbesitzer. Toll, wie der Teile
von alten Autos abschraubt oder
irgendetwas repariert!

»Wetten, so was könnte ich auch?«,
sagt Pit zu seinem besten Freund,
dem Eichhörnchen Tino.
»Schließlich habe ich
oft genug zugeschaut!«

Am Sonntag darauf klopft auf einmal jemand an Pits Tür.
Es ist Dachs Bollo aus dem Wäldchen nebenan.
»Tino hat erzählt, du verstehst was von Technik«,
meint er und gähnt. »Mein Wecker ist kaputt!
Zweimal habe ich schon verschlafen.«
Pit ist glücklich und unsicher zugleich.
Soll er jetzt gestehen, dass er noch nie etwas repariert hat?
Nein, auf keinen Fall. Sonst geht Bollo bestimmt wieder.

»Klar helfe ich dir«, sagt Pit.
»Heute Nachmittag kannst du
den Wecker wieder abholen.«

49

Pit macht sich gleich an die Arbeit.
Auf dem Schrottplatz gibt es jede Menge Werkzeug.
Doch das meiste davon ist für Pit viel zu groß.
Zum Glück findet er einige Zangen und
Schraubenzieher, die er tragen kann.

Seine restliche Ausrüstung bastelt Pit sich selbst:

Ohrenschützer – falls der Wecker versehentlich losgeht.

Einen Arbeitsanzug – Öl geht so schlecht aus dem Fell raus.

Und natürlich ein paar eigene Werkzeuge.

Dann kann Pit loslegen.

Doch das Problem ist – Pit bekommt den Wecker
nicht mal auf. Eine der Schrauben sitzt zu fest.
Als Pit einen Moment verschnauft, sieht er, dass
sein Freund Tino neugierig von einem Baum herunterlugt.
»Hui, du siehst toll aus in dem Anzug, Pit!«, ruft Tino,
schneidet Grimassen und wackelt mit den buschigen Ohren.
»Aber was genau machst du da?«

»Ich repariere«, erklärt Pit.
»Gut, dass du da bist. Ich brauche
jemanden, der mit anpackt!«

53

Aber auch zu zweit schaffen es Pit und Tino nicht,
die Schraube zu lösen. »Dann machen wir's eben elektrisch«,
beschließt Pit. Mit Tinos Hilfe schiebt er
den Wecker in den Schuppen von
Herrn Röckel. Dort ist nämlich
ein Akkuschrauber.

Als alles vorbereitet ist, stemmen sich Pit und Tino mit
aller Kraft gegen den Auslöseknopf. Der schwere Akkuschrauber
surrt einmal kurz. Dann gerät er ins Wanken.
»Achtung!«, quiekt Pit und saust davon. Tino versteckt sich.
Keine Sekunde zu früh. Der Akkuschrauber fällt um
und dabei poltert der Wecker herunter.
Aber die störrische Schraube ist draußen!

Nach diesem Schreck müssen sich Pit und Tino
erst mal erholen. Im Wäldchen neben dem
Schrottplatz stärkt sich Pit mit seinem
Lieblingsessen: einer halben Kartoffel mit
Himbeermarmelade. Tino knabbert eine Haselnuss.
»Komm, wir spielen Verstecken!«, schlägt Tino
nach dem Essen vor und klettert eine Buche hoch.
Doch Pit brennt schon darauf weiterzureparieren.
»Ich spiele morgen wieder mit«, sagt er und
leckt sich die Marmelade von den Pfoten.
»Der Wecker wartet auf mich!«
Er klettert durch das Loch im Zaun
zurück zum Schrottplatz.

BETRETEN
VERBOTEN

Das Innere des Weckers ist hochinteressant.
Pit untersucht alles genau. Dann beginnt er vorsichtig,
ein Teil nach dem anderen auszubauen.

Tief im Inneren des Weckers wird Pit fündig.
»Aha, ein Zahnrad ist kaputt!«

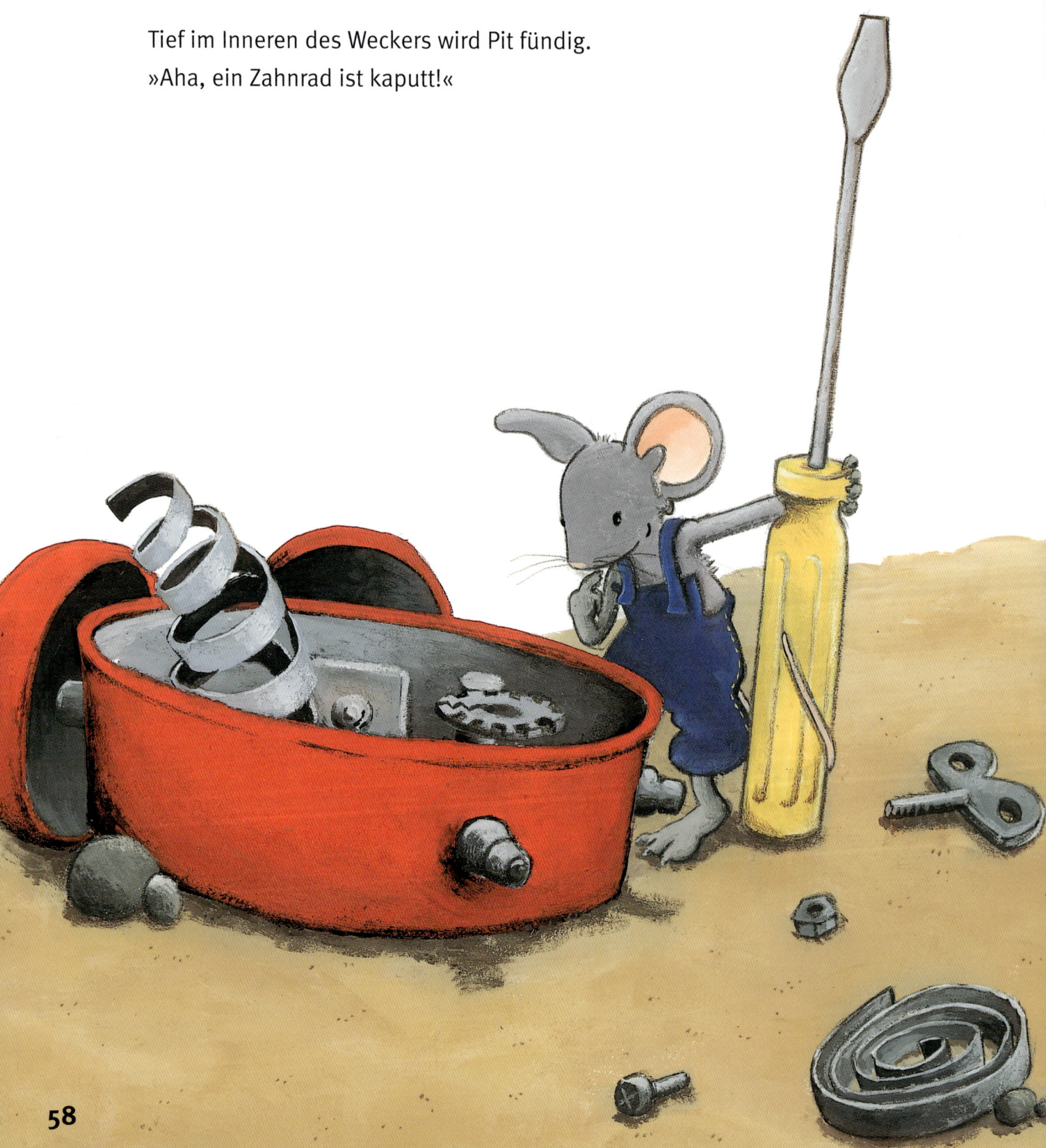

Aus einem kleinen Stück Holz
nagt er ein Ersatzteil zurecht.

Danach tun ihm zwar die Zähne weh,
aber das Rad ist richtig gut geworden.

Nach und nach hat sich ein großes Publikum um Pit versammelt:
Aus Pits Mäusefamilie sind seine Schwester Liddi und
Onkel Bandino da. Zwei Igel, eine Meise, ein Maulwurf und
der alte Kater der Röckels, der zum Glück nur Dosenfutter frisst.
Und natürlich Bollo, der sich schon auf seinen Wecker freut.

»Toll, was du alles kannst«, staunt Pits kleine Schwester Liddi.
»Ach, das ist doch gar nichts«, behauptet Onkel Bandino.
»Du hättest sehen sollen, wie ich damals auf Sumatra
die größte Dampfmaschine der Welt gebaut habe!«

Die vielen Zuschauer bringen Pit durcheinander.
Zweimal fällt ihm der Schraubenzieher herunter.
Einmal landet er sogar auf Pits Hinterpfote. Aua!

Pit wird immer nervöser.
Nachdem er alles wieder zusammengebaut hat,
sind noch Teile übrig! Wo gehören die bloß hin?
Gut, dass Bollo das nicht sieht –
er ist wieder eingeschlafen.

Da hat Pit eine Idee:
Er wird einfach ein paar Sachen umbauen.
Dann passt es vielleicht wieder.

Auf dem riesigen Schrottplatz sucht Pit
Teile zusammen, die er brauchen kann.

Pit baut und baut. Und schließlich ist es so weit.

»Achtung, jetzt teste ich den Wecker«,
kündigt Pit seinem Publikum an.

Pit setzt seine Ohrenschützer auf.
Tino versteckt sich in einem Rohr.
Die Zuschauer gehen in Deckung.
Bollo schnarcht.

Der Wecker springt an.
Er klingelt zwar nicht.
Aber dafür hupt er laut.
Er hüpft hin und her.
Er blinkt.

Und er stößt
kleine Rauchwölkchen
voller Funken aus!

Davon wacht sogar Bollo auf.

Zum Glück ist er begeistert von Pits Reparatur und strahlt über das ganze Gesicht.

»Ich höre nicht mehr besonders gut, aber die Hupe ist schön laut. Außerdem wache ich auf, weil ich die Rauchwölkchen rieche.«

Als Dankeschön schenkt er Pit und Tino ein Körbchen Brombeeren.

Alle Zuschauer klatschen vor Bewunderung.

Sogar Onkel Bandino.

»Morgen spielen wir aber wieder, Pit!«,
meint Tino und nascht eine Brombeere.
»Versprochen«, sagt Pit. Erschöpft und
zufrieden kriecht Pit in sein Auto zurück.
Er kuschelt sich in sein Nest auf dem Fahrersitz.
Jetzt erst mal eine Runde schlafen – das hat er sich verdient!
In der Nacht hat Pit einen wunderbaren Traum:
Alle seine Freunde und Nachbarn kommen zu ihm
und wollen, dass er ihre Sachen repariert.
»Gar kein Problem!«, sagt Pit, schwingt den
Schraubenzieher und zeigt, was er kann.

Pit lächelt ein bisschen im Traum
und schläft weiter.

Jonas fliegt zum Mond

Eine Geschichte von Sylvia Englert
Mit Bildern von Silvio Neuendorf

Nachts, wenn Jonas im Bett liegt, schaut er gerne durch
sein Dachfenster zu den Sternen und zum Mond hoch.
Eines Tages sieht er etwas Seltsames.
»Schaut mal«, sagt er zu seinen Stofftieren,
»da blinkt was auf dem Mond.
Ich glaube, jemand gibt mir Zeichen!«
Sofort beschließt Jonas, hinzufliegen und nachzusehen,
was da oben los ist.
»Weiß einer von euch, wie man eine Rakete baut?«,
fragt Jonas seine Tiere.
Aber das Kamel guckt nur dumm und der kleine Pinguin
schüttelt den Kopf. Doch der lila Oktopus Olli ruft:
»Ja, ich weiß, wie das geht!«

Jonas hat Olli in einer Vollmondnacht im Garten gefunden.
Seither ist er sein Lieblingskuscheltier, weil er die besten
Spiele kennt und mit seinen acht Armen so schön
gruselig aussieht. Aber leider ist Olli auch ein Angeber.
Einmal hat er behauptet, dass er Schokopudding machen kann,
aber was dabei herauskam, schmeckte total eklig.

»Echt?«, sagt Jonas zögernd.

»Du kannst wirklich eine Rakete bauen?«

»Kein Problem«, sagt Olli, und zusammen fangen sie an.
Sie bauen und bauen. Zum Glück besitzt Jonas schon
einen Raumanzug – den hat ihm seine Mama für
Karneval genäht. Seine Tiere bekommen Raumhelme
aus durchsichtigen Bonbondosen. Dann können
endlich alle einsteigen.

»Drei ... zwei ... eins ... START!«, ruft Jonas aufgeregt,
und mit einem lauten »Wuusch!« zischt die Rakete durchs Fenster.
Ein paar Sekunden später flitzen sie durchs Weltall.
Jonas schaut zurück zur Erde und staunt darüber, wie schön
sie von oben ist. Auch der Pinguin hat ganz große Augen bekommen.
»Ooooh ... die Erde sieht aus wie eine blau-grüne Kaugummikugel!«
Das Kamel schubst ihn vom Fenster weg.
»Jetzt lass mich doch auch mal gucken!«
»Nee, ich bin dran«, sagt Olli und klettert dem Kamel
auf den Kopf. Das Kamel schnaubt empört.
»Jetzt hört auf zu streiten und schaut einfach
abwechselnd raus!«, schimpft Jonas ... und merkt plötzlich,
dass er den Boden unter den Füßen verliert.
Juchhu, er ist schwerelos! Und schon bald
nähern sie sich dem Mond.

Die Landung auf dem Mond klappt prima.
»Los, wir steigen aus«, schlägt Jonas seinen Tieren vor
und sie setzen ihre Raumhelme auf.
Hier auf dem Mond wiegt alles weniger als auf der Erde
und sie können Sprünge machen wie auf einem Trampolin.
Der Pinguin jubelt: »Endlich kann ich fliegen!«
Und Olli prahlt: »Schaut her, ich springe am höchsten!«
Aber das Kamel strengt sich richtig an und schafft es noch höher.
»Jetzt schauen wir nach, woher die Blinkzeichen
gekommen sind«, sagt Jonas neugierig.
Er marschiert los und seine Tiere hüpfen hinterher.

Sie suchen und suchen. In einem Krater.
Auf ziemlich vielen Mondbergen. Und hinter
den großen grauen Felsen, die überall herumliegen.

Dann ruft das Kamel plötzlich: »Kommt schnell her,
ich hab was gefunden!«
Jonas hüpft sofort zu ihm hin. Und tatsächlich:
Da sind Spuren! Viele große Abdrücke im Mondstaub.
»Sieht aus, als wäre da ein Riesen-Elefant herumgestapft«,
findet das Kamel.
»Gibt es denn Riesen-Elefanten auf dem Mond?«,
staunt der Pinguin. Olli sagt nichts. Er ist ganz still.
Und das kommt Jonas seltsam vor.
Weiß Olli vielleicht, was die Spuren bedeuten?

Jonas schaut sich noch einmal gründlich um.
»Da ist ja das Blinken wieder! Aber jetzt kommt es
von einem anderen Planeten, ich glaube, vom Saturn.«
Nichts wie hin. Jonas und seine Freunde klettern zurück
in ihre Rakete und starten. Schon bald jubelt Jonas:
»Vor uns sind Jupiter und Saturn, die kenne ich!«
Am liebsten würde er den Saturnring mit nach Hause nehmen,
um ihn Mama und Papa zu zeigen.
Aber wie soll er das machen? Jonas denkt nach.
Doch in diesem Moment zischt irgendetwas an
ihrer Rakete vorbei. Jonas und die Tiere purzeln durcheinander.
»Hilfe!«, quäkt der Pinguin, das Kamel schnaubt erschrocken
und Olli muss erst mal seine acht Arme entwirren.
»Wa-was war das?«, stammelt Jonas.

Auf einmal klingt die Rakete ganz komisch.
Sie ruckt, pfeift und zischt. Jonas erschrickt.
Und dann fällt ein Seitentriebwerk ganz aus.
Mist! »Huuuu, wir sind verloren!«,
schluchzt das Kamel. »Wir kommen
nie mehr nach Hause!«
»Quatsch«, sagt Olli nach einem Blick
aus dem Fenster. »Es ist nur
ein Seitentriebwerk abgefallen.
Einer von uns muss aussteigen
und es wieder anschrauben.«

Jonas meldet sich freiwillig. Er schwebt in seinem Raumanzug
nach draußen. Es ist, als würde er in einem Sternenmeer schwimmen!
»So, ich fange jetzt mit dem Reparieren an«, sagt Jonas
mutig zu sich selbst und packt den Schraubenzieher fester.
Doch dann passiert etwas ganz und gar Unglaubliches.
Ein riesiges fremdes Raumschiff saust heran und bremst
dann neben ihnen ab. Uff, die Unterseite des Raumschiffs
passt genau zu den Abdrücken auf dem Mond.
»He, ihr da – tut uns leid, dass wir vorher so schnell
an euch vorbeigeflogen sind«, ruft die Besatzung
des Raumschiffs fröhlich und wendet sich dann an Olli.
»Sei gegrüßt, Gibbeltrox! Schön, dass du
unsere Zeichen gesehen hast
und zu Besuch kommst.«

Verblüfft schaut Jonas die Außerirdischen an.
Sie sehen genauso aus wie Olli, sein lila Oktopus,
und der winkt den Fremden auch gerade zu!
»Bist du etwa einer von denen?«, stellt Jonas ihn zur Rede.
Olli räuspert sich verlegen und murmelt: »Äh, ja.
Bin versehentlich aus einem Raumschiff gefallen.

Aber ich fand es lustig bei dir auf der Erde,
deswegen bin ich dageblieben.«
Dem Pinguin bleibt vor Staunen der Schnabel offen stehen.
Und das Kamel fällt um ein Haar in Ohnmacht.
Langsam erholt sich Jonas von seinem Schreck.
»Sagt mal, könntet ihr uns beim Reparieren helfen?«,
fragt er die Außerirdischen. Die nicken und machen sich
sofort mit ihren vielen Armen an die Arbeit.

Aber die Reparatur ist gar nicht so einfach.

Die Außerirdischen stoßen ganz komische Geräusche aus.

»Gubbeldigax! Wuttelduck! Blibbelfix!«

Dann ist das abgefallene Teil der Rakete wieder angeschraubt.

Die Außerirdischen und Olli umarmen sich.

Dann tischen Ollis Freunde in ihrem Raumschiff

zur Feier des Tages ein Festmahl auf.

»Greift zu!«, sagt Olli.

Aber das meiste sieht Jonas viel zu gruselig aus.

»Ich hab leider gar keinen Hunger«,

schwindelt er.

Jetzt ist es Zeit heimzufliegen. Zum Glück ist
die Rakete ja wieder ganz. Wrruuum! Schon springt sie an.
»Danke, das war echt nett von euch«, sagen Jonas,
das Kamel und der Pinguin im Chor.
»Kein Problem«, sagen ihre Retter und wenden sich an Olli.
»Willst du mit uns mitfliegen?« Oje, denkt Jonas erschrocken.
Doch zum Glück sagt Olli: »Nein, danke, Jungs!
Ich bleibe lieber bei meinen neuen Freunden, mit denen
kann man so toll spielen. Aber ich komme bald wieder zu Besuch.«
Jonas, Olli und die anderen Tiere winken ihren
Helfern hinterher. Und die winken so lange zurück,
bis sie außer Sicht sind. »Jetzt aber nichts wie nach Hause«,
sagt Jonas und dreht seine Rakete richtig auf.
Sie zischt tausendmal schneller voran als ein Rennauto,
nein, Millionen Mal schneller!

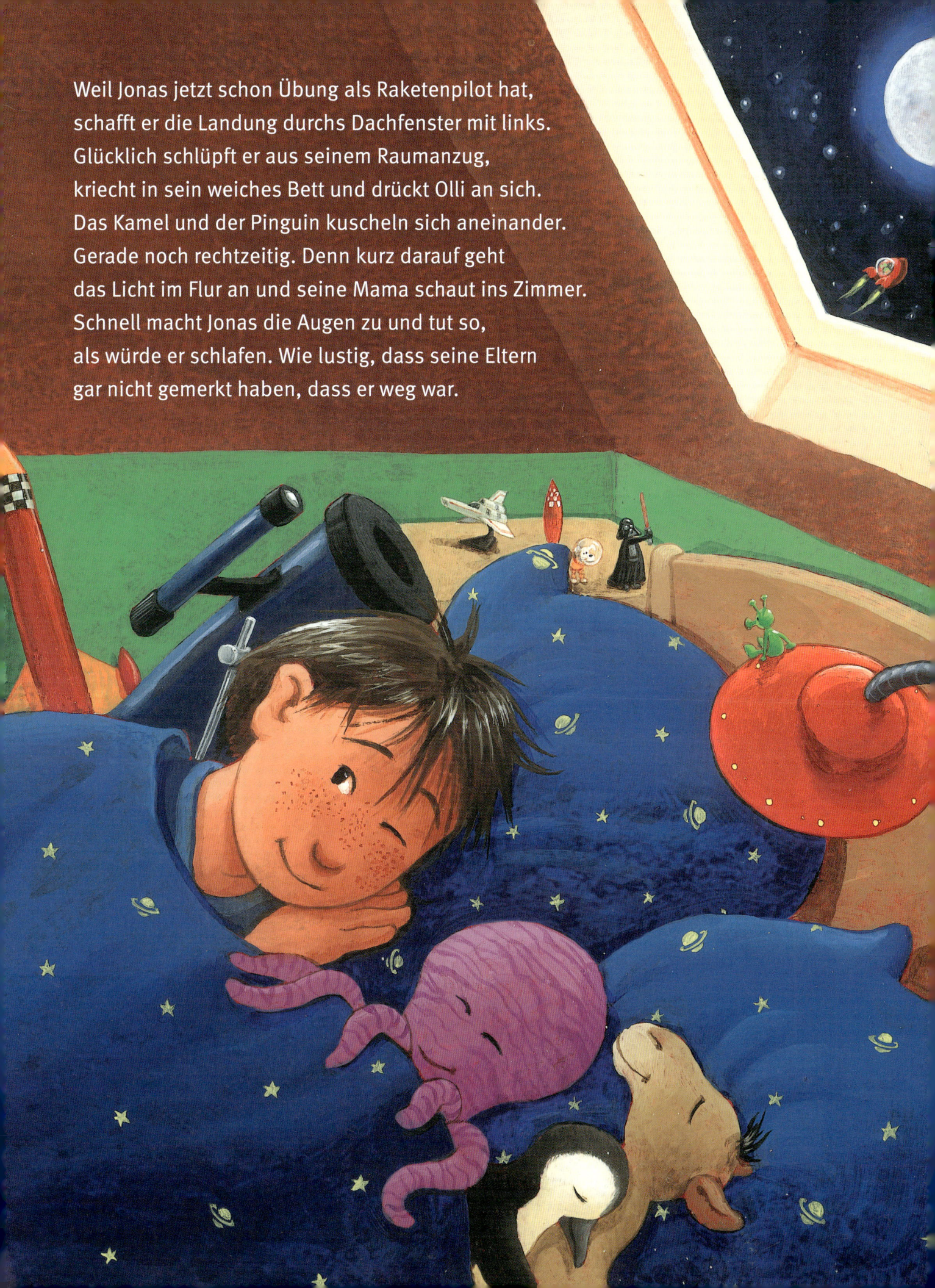

Weil Jonas jetzt schon Übung als Raketenpilot hat,
schafft er die Landung durchs Dachfenster mit links.
Glücklich schlüpft er aus seinem Raumanzug,
kriecht in sein weiches Bett und drückt Olli an sich.
Das Kamel und der Pinguin kuscheln sich aneinander.
Gerade noch rechtzeitig. Denn kurz darauf geht
das Licht im Flur an und seine Mama schaut ins Zimmer.
Schnell macht Jonas die Augen zu und tut so,
als würde er schlafen. Wie lustig, dass seine Eltern
gar nicht gemerkt haben, dass er weg war.

Aufräumen ist nix für Piraten!

Eine Geschichte von Barbara Rose
Mit Bildern von Ana-Maria Weller

Kapitän Krummsäbel

Der **Schmale Jupp** – immer im Ausguck

Messerjoppe, der tapferste Kämpfer

Peppi, der weltbeste Piratenkapitänssohn

Steuermann an Bord: der Zahnlose Mika

Der wunderbare Smutje Brillen-Bert

Sein Name grollte wie ein Gewitter über
den sieben Weltmeeren. **Kapitän Krummsäbel**
war der übelste Pirat, der je auf einem Seeräuberschiff
gefahren war.

Wenn er mit seinen Piraten ein Schiff enterte,
sprangen alle Seefahrer über Bord.
Bloß nicht von Kapitän Krummsäbel gefangen werden!
Dann schon lieber auf einer einsamen Insel versauern.

Kapitän
Krummsäbels
Schiff hieß
Krakenmonster.

Das schnellste Piratenschiff auf dem ganzen Ozean!
Sein zuverlässigster Mann im Ausguck war
der Schmale Jupp. Er konnte alle Schiffe
schon aus weiter Ferne riechen.

Kapitän Krummsäbels tapferster Kämpfer
wurde Messerjoppe genannt.
Der wunderbarste Smutje, der je
auf einem Piratenschiff angeheuert hatte,
hieß Brillen-Bert.
Und Kapitän Krummsäbels ältester Freund
und Steuermann war der Zahnlose Mika.
Außerdem gab es da noch Peppi.
Er war der weltbeste Piratenkapitänssohn.
Beim Pottwal, wie Kapitän Krummsäbel den
kleinen Kerl liebte! Trotzdem gab es zwischen
den beiden immer wieder granatenmäßigen Ärger.
Denn Peppi war ordentlich. Sehr ordentlich.
Und das gehörte sich nun
wirklich nicht für einen Piraten!

»Alle Mann an Deck!

Schiff voraus!«, schrie der Schmale Jupp
eines Tages im Ausguck. »Ich rieche fette Beute!«
Kapitän Krummsäbel stand sofort an der Reling.

»Mast- und Schotenbruch, ein Schiff!

Das schnappen wir uns.« Die Piraten jubelten.
»Wie groß ist es denn?«, fragte Peppi aufgeregt.
Kapitän Krummsäbel runzelte die Stirn und
schob seine Augenklappe auf und ab.
»Moment, Junge, sage ich dir gleich ...
Wo habe ich nur wieder mein Fernrohr liegen lassen?
Bei allen Seeungeheuern! Piraten, mein Fernrohr,
zack, zack!«
Und er stampfte mit seinem Holzbein auf,
dass die Schiffsratten vor Angst
ins Wasser sprangen.

Messerjoppe schaute im Beiboot nach, lehnte sich
zu weit über Bord und plumpste fast ins Meer.
Der Schmale Jupp steckte seine Hand in jedes Rattenloch,
Brillen-Bert rührte mit einem riesigen Kochlöffel
im Sauerkrautfass, Peppi überlegte. Dann raste er unter Deck.

Kurz darauf stand er wieder an der Reling und grinste.
Kapitän Krummsäbel tobte.
»Wo bleibt das Ding, ihr jämmerlichen Salzheringe?«
Der Zahnlose Mika starrte Peppi an, dann hüpfte er
in die Luft: »Juchhe, Peppi hat das Fernrohr gefunden!«

Peppi hielt Kapitän Krummsäbel das Fernrohr unter die Nase:
»Es lag ganz hinten unterm Bett, hinter dem Kompass und
deinem Hosenknopf. Mal aufräumen würde dir nicht schaden!«
»Beim Enterhaken, du frecher Piratenlümmel!« Kapitän Krummsäbel
schnaubte und schob seine Augenklappe auf und ab.

»Aufräumen? Blödsinn!«

»Aber Peppi weiß immer, wo die Sachen sind«,
zischte der Zahnlose Mika.
»Sonst müssten wir bis ans Lebensende nach dem Zeug
vom Käpt'n suchen!«, brummte Brillen-Bert.
Peppi schmunzelte.
»Ruhe, ihr verschrumpelten Wassermänner.
Sonst werfe ich euch zu den Haifischen!«
Kapitän Krummsäbel sah Peppi zornig an.
»Aufräumen ist nix für Piraten! Zur Strafe für deine Frechheit
bleibst du beim Überfall in unserer Kajüte!«
»Ey, ey, Papa! Du bist der Kapitän!«

Kapitän Krummsäbel spähte durchs Fernrohr.
»Gut gerochen, Schmaler Jupp! Ein Transportschiff.
Gewürze, Gold, Edelsteine. Auf in den Kampf, Piraten!«
Wie der Wind schoss das Krakenmonster über die Wellen.
Die Mannschaft des Transportschiffs sprang schreiend
über Bord, die Piraten mussten sich nur noch
die Schätze schnappen.
Außerdem nahmen sie pralle Säcke mit Zwieback,
Körbe voll Obst, Gemüse und sogar Kuchen mit.

Währenddessen fand Peppi im Bett den Stiefel
seines Vaters. Aus dem Zahnputzbecher fischte er
den Schlüssel zur Waffenkammer.
Pfeifend steckte er ihn in die Hosentasche.

Nach dem erfolgreichen Beutezug pfefferte Kapitän Krummsäbel Messer,
Säbel und Dolche in die Waffenkammer. Die Tür knallte er so fest zu,
dass Peppi die Ohren dröhnten. Das Schloss schnappte zu.
Gerade wollten die Piraten ihr Mittagsschläfchen machen,
da brüllte der Schmale Jupp im Ausguck:
»Ich rieche den Grausamen Gisbert und seine Gesellen!«
Gisbert war fast so ein übler Pirat wie Kapitän Krummsäbel.
Von Zeit zu Zeit überfielen sich die beiden, um zu gucken,
wer den Säbel schneller schwingen konnte.

»Beim Klabautermann, endlich ein richtiger Kampf!«,
rief Kapitän Krummsäbel. Mit Gejohle stürzten alle zur Waffenkammer.
Aber die war zu. Kapitän Krummsäbel schäumte vor Wut:
»Ihr ollen Makrelen habt noch nicht mal einen Zahnstocher
zum Kämpfen in der Hand! Welcher Idiot hat den verflixten Schlüssel?«
Alle deuteten mit den Fingern auf ... den Kapitän.
Der schob die Augenklappe auf und ab und stöhnte.
»Peppi«, zischte der Zahnlose Mika, »wo ist der Schlüssel?«
»Hier! Hab ich beim Aufräumen gefunden!«
Peppi warf ihn in hohem Bogen zu Kapitän Krummsäbel.
Der stampfte mit dem Holzbein und schloss auf. In letzter Sekunde.

Als die Sonne unterging, lagen alle Piraten erschöpft an Deck.
Nur noch Kapitän Krummsäbel und der Grausame Gisbert
kämpften erbittert. Hinter einer Wassertonne saß Peppi
und sah seinen Vater bewundernd an.
So wild hatte er ihn noch nie erlebt.
»Gisbert, du Würstchen. Ich mache Fischfutter aus dir!«

Gerade wollte Kapitän Krummsäbel zum entscheidenden
Hieb ausholen, da stolperte er über eine leere Rumflasche.
Sofort war der Grausame Gisbert über ihm.
Kapitän Krummsäbels Piraten wagten kaum zu atmen.
Der Grausame Gisbert hob seinen Dolch. In diesem Moment
flog etwas durch die Luft und traf den Grausamen Gisbert am Kopf.
Der krachte wie ein umgeknickter Mast zu Boden.

»Blitz und Donnerwetter«,

brüllte Kapitän Krummsäbel. »Was war das?«
»Das war dein rechter Stiefel, Papa.
Hab ich im Bett gefunden.«

Der Kapitän sah Peppi an, runzelte die Stirn und schob
seine Augenklappe auf und ab. Dann brach er in schallendes
Gelächter aus. »Ein Glück, dass du aufgeräumt hast.
Komm in meine Arme, Sohn. Du gefährlichster von allen
Piratenkapitänssöhnen auf dem ganzen weiten Ozean.«

Peppi grinste. »Und ich habe den stärksten
Piratenkapitänspapa auf der ganzen weiten Welt.«
Jubelnd ließ die Mannschaft Kapitän Krummsäbel
und Peppi hochleben.

»Und zu Ehren meines verflixt ordentlichen
Sohnes feiern wir ein Piratenfest. Esst und trinkt,
bis ihr **kugelrund** wie **Walfische** seid!«

In Windeseile durchkämmten die Piraten
das Krakenmonster nach Proviant.
Sie fanden nicht einen Krümel.
»Brillen-Bert, hast du den Proviant in
die Kombüse geräumt?«, fauchte Messerjoppe.
Brillen-Bert wurde rot wie eine Feuerqualle.

»Schleimgrüne Seegurke, das habe ich ganz vergessen.«

»Peppi«, rief der Zahnlose Mika, »du hast die Sachen
aufgeräumt, stimmt's?«

»Und jetzt willst du uns auf die Folter spannen«,
lachte der Schmale Jupp.

Aber dieses Mal war Peppi ratlos.

»Und was jetzt, Kapitän?«, schrien die Piraten.

Im hellen Mondlicht saß Kapitän Krummsäbel und putzte sich
die Fingernägel mit einem Dolch. »Unser Proviant?
Die Beute vom Transportschiff?«
Er schob seine Augenklappe auf und ab und ...
marschierte zu seiner Kajüte. Die Mannschaft hinterher.
Rechts und links vom Eingang türmten sich in schönster Ordnung
die prallen Säcke vom Transportschiff, daneben die Körbe voller Obst.
Der Kapitän fischte einen Schlüssel unter seinem Dreispitz hervor
und schloss den Wandschrank auf. Hier waren fein säuberlich
alle Schätze und die Dosen mit Krummsäbels Lieblingsbohnen aufgestapelt.
An einem Haken hing der Schlüssel für die Waffenkammer,
daneben das Fernrohr.
»Da staunt ihr, was?« Kapitän Krummsäbel
knuffte Peppi sanft in die Schulter.

»Tja, mein Junge, ab und zu ist Aufräumen
auch was für Piraten!«

Bibliografische Information der Deutschen Nationalbibliothek

Die Deutsche Nationalbibliothek verzeichnet
diese Publikation in der Deutschen Nationalbibliografie;
detaillierte bibliografische Daten sind im Internet
über http://dnb.d-nb.de abrufbar.

© 2016 arsEdition GmbH,
Friedrichstraße 9, D-80801 München
Alle Rechte vorbehalten
Coverillustration: Dagmar Henze
Gestaltung: Janina Michna, München
ISBN 978-3-8458-1106-2

www.arsedition.de